AF330509

LA POLITIQUE DES CAMPAGNES

LETTRES A PIERRE MATHURIN

CULTIVATEUR

PRIX : 40 CENTIMES

ARCIS-SUR-AUBE

CH. CHAPELLE, IMPRIMEUR-ÉDITEUR

22-24, rue du Chaufour

1878

LA
POLITIQUE DES CAMPAGNES

LETTRES A PIERRE MATHURIN

CULTIVATEUR

PAR

Arthur ROBERT

ARCIS-SUR-AUBE

CH. CHAPELLE, IMPRIMEUR-ÉDITEUR

1878

Sous ce titre : **La Politique des Campagnes,**
Lettres à Pierre Mathurin, cultivateur, notre ami et
collaborateur Arthur Robert a publié dans le journal
l'*Arrondissement d'Arcis,* une série d'articles fort appré-
ciés de nos lecteurs.

Un grand nombre d'entr'eux nous ont demandé de
réunir en brochure ces *Lettres,* écrites dans un style à la
portée de tous, si utiles pour la propagande républicaine.

C'est pour répondre à leur désir que nous éditons aujourd'hui ce modeste petit livre, persuadé que ses enseignements ne seront pas perdus pour tout le monde, et
qu'il ralliera à la seule forme possible de gouvernement
des citoyens qui nourrissent contre elle une prévention
qu'ils ne sauraient expliquer.

Ch. CHAPELLE.

LA POLITIQUE DES CAMPAGNES

Mon cher Mathurin,

Tu m'écris qu'après avoir longtemps vécu indifférent aux affaires de ton pays, tu veux aujourd'hui, comme tout bon citoyen t'occuper de politique. C'est parfait ; je ne puis que t'approuver. Tu me demandes en même temps de faire ton éducation sur ce chapitre. Je ne suis malheureusement pas un grand clerc ; mais je ferai tout mon possible pour te convertir à mes idées, heureux si je parviens à faire de toi non-seulement un partisan, mais encore un défenseur énergique et convaincu du régime républicain. Car, vois-tu, cette République que tu apprécieras quand tu la connaîtras, cette République, qui seule peut nous assurer la paix et la tranquillité, porte ombrage à bien des gens. Il faut donc la défendre et la faire aimer.

Autour de cette malheureuse France que les monarchies ont démembrée, rapetissée, s'agitent les débris des familles royales ; dans l'ombre, l'armée réactionnaire, toujours sur le qui-vive, trame ses embûches et ses piéges contre le régime existant.

Cependant la victoire nous est restée par la toute puissance de cette arme pacifique, qui n'a jamais fait couler ni sang, ni larmes : un bulletin de vote. Mais bien fou serait celui qui, en présence du résultat atteint, s'endormirait et se croiserait les bras. Éclairer les esprits, dissiper les préventions, mettre à nu toutes les plaies causées par ces médecins qui coûtent si cher, rois et empereurs, c'est le devoir qui nous incombe ; c'est la conséquence obligée de la crise fatale que nous avons subie.

Si nous voulons que le gouvernement républicain s'enracine profondément chez nous ; disons à ceux qui nous dirigent : « Donnez-nous plus de lumière, éclairez davantage les masses, répandez l'instruction partout et l'avenir est assuré. »

Si on se demande, en effet, dans quelle classe de la société se trouvent les plus nombreux adversaires de ce gouvernement, on est vraiment attristé d'avoir à faire cette réponse : « Nos ennemis, ce sont principalement les paysans, les petits-fils des serfs et des manants d'autrefois ; tous ceux, en un mot, que la République a affranchis et a proclamés libres et égaux à leurs oppresseurs. »

Ainsi va le monde : le fils du martyr baise aujourd'hui la main du bourreau de son père ! On comprend jusqu'à un certain point que toute cette noblesse de parchemin, débris des siècles passés, reste fidèle à l'antique monarchie qui la bourrait d'or et d'argent et lui livrait le peuple comme un esclave, une bête de somme. Mais que nous, les descendants de ceux qui allaient battre les mares pendant la nuit pour empêcher les grénouilles d'éveiller le seigneur, nous soyions les adversaires d'un régime qui nous a délivrés de toutes ces bassesses, de toutes ces hontes ; eh bien ! franchement, on ne le comprend pas.

On ne peut nier que l'ignorance ne soit, pour beaucoup de gens, la cause de l'éloignement qu'ils témoignent pour la forme républicaine.

Cependant, un grand progrès intellectuel s'accomplit dans les campagnes, et la République, à mesure qu'elle grandira, éclairera peu à peu tons ceux qui la méprisent et les fera sortir de leur léthargie. La vérité les confondra tôt ou tard.

L'instruction, c'est là, en effet, la grande force d'un gouvernement : on reconnaît aujourd'hui que c'est par elle que la République durera. L'instruction fait aimer parce qu'elle fait comprendre, et il est bien évident que toutes les institutions fondées sur l'amour national sont plus stables que celles qui s'imposent par la puissance des baïonnettes. « Ce ne sont ni les armées ni les trésors qui protégent un Etat, a dit un ancien, mais bien les amis : ceux-là, on ne les gagne point par la force et on ne les achète pas au prix de l'or. »

Nous pouvons être assurés, mon cher Mathurin, que la République a de longs jours devant elle : l'avenir lui appartient, car l'idée républicaine a pour soutiens tous les cœurs jeunes, enthousiastes, qui ont l'amour de la justice et la passion de la vérité. Les réactionnaires ne semblent pas pressentir la marée qui nous pousse ; ils ne comprennent pas combien il est insensé de fermer les yeux et de prétendre qu'il ne fait pas clair.

Qu'ils regardent autour d'eux. A la campagne comme à la ville, quiconque quitte les bancs de l'école primaire ou du lycée, quiconque a appris à raisonner tant soit peu et à déchiffrer dans les livres la vie, la pensée de ses aïeux, celui-là, dis-je, devient fatalement, nécessairement républicain. Cette puissance qui monte, on ne la détruira jamais : elle se répandra partout, elle brisera les digues que les entêtés d'un autre âge voudraient lui opposer ; et son triomphe est assuré.

Lorsqu'une cause a de tels appuis, on peut être assuré qu'elle est juste et qu'elle sera fertile.

Malgré tout, il ne faut pas croire que certaines populations rurales soient si éloignées qu'on veut bien le dire de l'idée républicaine. Ignorance et fol entêtement, ce ne sont pas là seulement les deux causes qui nous créent des adversaires. Un assez grand nombre de ceux qui se rangent sous les bannières monarchiques restent fidèles à des sentiments respectables que je ne veux pas railler.

La plupart du temps, nous supportons le poids d'imputations fausses. On parle de notre légèreté proverbiale ; on remonte jusqu'aux guerres de César pour prouver que notre mobilité, notre inconstance date de loin. Et pourtant, les Français ne sont pas aussi légers qu'on veut bien le dire. En politique comme en beaucoup de choses, la routine a de trop fortes prises sur nous ; le souvenir d'autrefois étreint, oppresse et rive à sa chaîne les ennemis de la République. Ils n'osent pas rompre une bonne fois avec tous les souvenirs fâcheux d'un autre âge ; ils n'ont pas le courage de rejeter toute servitude loin d'eux ; et de même que les enfants des esclaves viennent au monde courbés, ils veulent rester serviles toute leur vie.

Nous sommes ainsi faits ; tous nous avons profondément enraciné au-dedans de nous l'image de ce que nous avons aimé. La jeunesse, personne n'en doute, marchera d'un pas plus rapide et d'une allure plus décidée dans la voie qu'on nous fraye. Mais à l'heure actuelle, nous devons encore compter avec nos aînés : Ils se sont laissé effrayer ; ils ont éprouvé des leçons souvent incomprises, il est vrai, mais ils veulent d'eux-mêmes reconnaitre leur erreur. Comme ces Indiens nomades qui portaient sur leurs épaules les ossements de leurs aïeux, nos pères, eux aussi, ont le lourd fardeau du passé à supporter. Bientôt la lumière se fera à leurs yeux et ils se déchargeront alors de ce fardeau inutile. L'essentiel est de savoir les y amener.

C'est précisément pour cette raison que, si nous voulons être suivis sur le chemin de la République, nous devons y marcher lentement et sagement. Il existe dans notre pays une masse énorme, hésitante et flottante, qui possède encore quelques attaches avec le passé, mais qui ne demande pas mieux de venir à nous pourvu qu'elle soit assurée que ce gouvernement protége tous ses intérêts respectables. En gagnant ces adversaires à notre cause, nous les arrachons pour ainsi dire à un culte ; et ce culte, on peut être assuré qu'ils ne le quitteront ni par la force ni par la menace. Ils ne refusent pas de marcher en avant ; mais ce qu'ils exigent par dessus tout, c'est de ne pas avancer trop vite ni trop loin.

Car, il faut bien qu'on le sache, mon cher Mathurin, si jamais la République venait à périr, ce ne serait ni la faute des bonapartistes, ni la faute des légitimistes, mais bien celle des républicains. La prudence et la patience sont les deux qualités des gouvernements qui demandent à vivre. Quand un terrain est nouvellement défriché, on ne lui demande pas de produire la première année les récoltes qu'on exige d'un champ soumis à une longue culture. Il en est de même de la République. Les républicains impatients, radicaux ou intransigeants doivent bien se persuader d'une chose, c'est que pour asseoir définitivement ce régime, il faut user de ménagements envers les campagnes, et aller tout doucement dans la voie des améliorations matérielles et morales. Mais retiens bien ceci, tout en étant prudent ; il ne faut pas perdre son temps à piétiner sur place ; et, si lentement qu'on marche, doit-on marcher encore.

II

De tous les gouvernements qui se sont succédé en France, depuis près d'un siècle, la République est, sans contredit, celui qui a le plus contribué au bien-être et à l'affranchissement des populations rurales. Le rapprochement que les paysans d'aujourd'hui pourraient faire entre leur situation présente et celle de leurs pères avant la Révolution ne saurait manquer d'être fort saisissant, surtout s'ils mettaient en regard l'œuvre des deux Empires.

Ce qu'il importe aux habitants de nos campagnes, mon cher Mathurin, c'est de. comparer, d'étudier, de peser le pour et le contre. Certes, ce n'est pas le bon sens ni le jugement qui leur manque ; et c'est précisément parce qu'on commence à réfléchir davantage que le mot République n'a plus la signification redoutable qu'il avait autrefois. On sait très-bien, au village, que les ennemis de ce gouvernement nous trompent et cherchent à nous égarer quand ils prétendent que la première République fut une révolte et qu'elle n'a fait couler que du sang. On sait très-bien que ces paysans, qui demandaient à jouir d'une terre arrosée de leurs sueurs, que ces artisans, qui voulaient être délivrés des entraves apportées à leur profession, n'étaient pas des révoltés. L'idée républicaine a pour elle ce titre d'honneur : c'est qu'elle s'est dégagée naturellement de nos souffrancés et de nos malheurs.

Chose incroyable ! avant 1789, le paysan n'osait même pas manger le pain qu'il avait gagné péniblement, et il ne pouvait conserver sa modeste aisance qu'en affectant la misère la plus profonde. C'était à qui paraîtrait le plus pauvre, afin de ne pas exciter la convoitise des intendants et d'être le moins écrasé par ces impôts exhorbitants : la taille, les aides, les dîmes, les corvées, dont les noms réveillent encore la colère des ruraux. Quelle ne devait pas être, en ces temps difficiles, la tristesse de nos pères lorsqu'on leur enlevait, à l'imprévu, les fruits de leur travail et de leur sollicitude ! Les champs qu'ils avaient fructifiés au prix des plus rudes labeurs, le seigneur les faisait faucher et rentrer dans ses granges ; les plus beaux produits de l'étable et de la basse-cour, il fallait les porter au château ou au presbytère. En un mot, nous étions esclaves. La République nous a fait libres.

Lorsque, courbé sur son sillon, le laboureur regardait autour de lui, il voyait deux classes d'hommes exempts des charges qui l'accablaient et ne supportant aucune de ses douleurs : ces hommes, c'étaient les nobles et les prêtres.

Le roi levait l'impôt à sa fantaisie, les seigneurs rançonnaient, le clergé dîmait. Triple

pressoir qui écrasait ainsi toute prospérité
au sein du royaume. L'injustice des charges
était tellement révoltante que ce cri échap-
pait à un de nos plus grands ministres :
Richelieu : « Le peuple est rongé jusqu'aux
os »; et c'était à peine si, après avoir payé
toutes ses redevances, il pouvait retirer de
son champ la poignée de blé nécessaire à sa
pâtée. Mais non-seulement la famille agricole
était en butte aux vexations de ces puissants,
elle n'avait même pas la loi pour la protéger.
Sur le moindre soupçon, on jetait un manant en prison, tandis qu'un noble était par-
donné pour un crime. Quant à l'ouvrier, il ne
lui suffisait pas d'avoir la volonté et des
bras pour travailler, il fallait qu'une con-
frérie lui donnât la permission de gagner son
pain.

Voilà ce qu'on est convenu d'appeler le
« *bon vieux temps* ». L'inégalité la plus
criante, les abus les plus choquants sem-
blaient être notre lot ; nous formions trois
castes au sein d'une même nation : la République nous a fait égaux. Nous jouissons
maintenant des libertés qu'elle nous a lé-
guées, et son œuvre subsistera toujours :
c'est un peuple uni, un peuple affranchi,
remplaçant des nationalités diverses, vassales
des seigneurs. C'est le règne de la justice et
du droit, c'est l'égalité devant la loi, l'aboli-

tion des lettres de cachet ; c'est la liberté de conscience. C'est la société moderne avec sa sublime devise : Liberté ! Egalité ! Fraternité !

Tel est le véritable caractère de la Révolution française, et c'est parce qu'on a trop longtemps oublié ce qu'elle a fait de noble, de généreux, de fécond, qu'on s'est laissé aveugler par tous ceux qui ont intérêt à retourner en arrière. Sans doute, cette transformation n'a pu s'accomplir qu'au prix d'excès regrettables ; mais ces excès, nous les déplorons tous, et on ne doit pas plus en imputer la faute aux républicains qu'on ne saurait les accuser des crimes de la Commune en 1871, crimes provoqués par ces bonapartistes qui, au dire de l'amiral Saisset, incendiaient l'Hôtel de Ville de Paris en se se disant les serviteurs de la République.

Qu'on compare maintenant les bienfaits de la Révolution à ceux du premier Empire. Prenons la France telle qu'elle était à la suite des guerres défensives de la Convention et du directoire, et à la chute de l'empereur. A quoi nous ont servi toutes ces conquêtes au-delà des mers ? Combien de temps ont duré ces royautés que Napoléon distribuait en prodigue à toute sa famille ? Que nous a procuré cette traînée de sang français sur les neiges de la Russie? Résultats : En 1797, nous possédions la Belgique, la rive gauche du Rhin, une partie de l'Italie ; en 1814, nous étions réduits à nos limites actuelles. Et, cruelle leçon ! cet Empire qui nous avait coûté près d'un million d'hommes tués, était détruit, en un clin d'œil, au Congrès de Vienne, au milieu des réjouissances, des bals et des mascarades des souverains. Ainsi, de tout ce que Napoléon a voulu établir, rien n'est resté, de tout ce qu'il a cru durable, rien n'a duré !

Etait-il bien nécessaire de mettre la moitié du monde à feu et à sang pour nous donner un certain prestige aux yeux de l'Etranger?

Voyez plutôt les Etats-Unis qui, depuis un siècle, jouissent des bienfaits d'une République sage et pacifique. Les Américains n'ont jamais été porter la guerre ailleurs, et cependant l'influence de leur civilisation rayonne sur le monde entier. Nos ouvriers se déplacent à grands frais pour aller étudier chez eux tout ce qui touche aux sciences, aux arts, en un mot tout ce qui tend à augmenter le bien-être de l'humanité. C'est qu'ils ont compris, ces esprits industrieux, que la vraie gloire, la seule durable, c'est celle que procure l'intelligence, le génie de l'homme appliqué au bien et à l'utile.

Quant au second Empire, nous avons encore présent à la mémoire ce qu'il nous a valu. Que reste-t-il de toutes ces conceptions de l'empereur ? Quelle a été la durée de cet Empire du Mexique, la plus grande pensée du règne ? Où furent, à l'heure suprême de l'invasion, ces alliances que le gouvernement annonçait avec tant de fracas ? Nous voyons aujourd'hui les nations déchirer en morceaux ce traité de Paris qui fut le résultat de la guerre de Crimée.

Je m'en tiens là ; et, pour en revenir à ce que je disais en commençant, il faut réfléchir, c'est là la grande chose : c'est par la réflexion, c'est par l'étude qu'on devient répnblicain. Laissons les esprits étroits calomnier ceux qui portent ce nom, ils ne font que déverser sur eux le ridicule, et nous laissent douter de leur intelligence et de leur raison. La vie est une leçon, mon cher Mathurin, et c'est parce que nous avons appris que nous tenons à honneur de soutenir la République actuelle.

III

Tu ne saurais, mon cher Mathurin, t'imaginer à quel point le parti républicain a été en butte à la calomnie et au mensonge. Comme ces vieilles religions de l'antiquité, la République s'est épurée et affermie au contact des outrages et des persécutions.

Quand on relit l'histoire de la Révolution française et qu'on examine dans leur ensemble toutes ces réformes justes, nécessaires, qui ont été résolues par nos premières assemblées ; quand on se rend compte de l'élan qui poussait les classes les plus éprouvées vers un avenir meilleur, on est étonné, surpris, du mouvement rétrograde que nous avons accompli depuis. On ne peut croire combien les idées ont été obscurcies, les faits dénaturés et les notions les plus justes traitées de paradoxes et d'utopies. Oui, depuis 1789, nous avons marché à reculons.

La République avait à peine vécu qu'on ne se souvenait déjà plus du bien-être qu'elle nous avait procuré. Après avoir été l'esclave de la monarchie, le peuple français subissait aussitôt l'influence du despotisme et s'éprenait d'admiration pour son oppresseur. Ce grand empereur, comme on l'appelle encore aujourd'hui, accomplit pendant vingt ans son œuvre de destruction en arrachant l'époux aux bras de sa femme et aux caresses de ses enfants pour l'envoyer mourir dans les ravins de l'Espagne ou dans les neiges de Russie, sans qu'il sût pourquoi. Eh bien, chose inouïe ! Chaque fois qu'une nouvelle tuerie décimait l'élite de sa jeunesse, on voyait cette pauvre France affolée battre des deux mains et pousser plus fort le cri de : vive l'empereur !

Ah ! si seulement, comme l'a dit un spirituel écrivain, on prenait la peine de se demander ce qu'ont coûté à la nation, en sang et en or, ces quatre rimes imbéciles : gloire, victoire, bataille et mitraille !

J'ai l'intime conviction que la République redressera les idées sur ce point. On commence déjà à comprendre partout que la guerre est chose impie, et que toutes ces poitrines où le cœur bat à toutes les espérances de la vie, ne sont pas faites pour être défoncées à coups de canon. On reconnaît aujourd'hui qu'il est insensé de vouloir soumettre la destinée des peuples au cours d'un ruisseau ou à la position d'une montagne, et que la vraie stratégie, comme l'a dit Alexandre Dumas, est dans l'esprit et non dans un champ de betteraves.

Le jour où ces notions auront pénétré toutes les masses. la cause de l'Empire sera morte à jamais, et avec elle, toutes celles qui s'appuient sur la force et la violence.

La prétendue gloire du premier Empire s'était donc confondue avec le souvenir des bienfaits de la Révolution. L'histoire, faussée par les écrivains monarchistes et bonapartistes, nous représentait les républicains comme des gens altérés de sang et de carnage. Et sans aller plus loin, à l'heure actuelle, on tresse encore des couronnes à Napoléon Ier pour avoir fait périr des milliers de français, tandis qu'on manque de termes pour flétrir les excès révolutionnaires. La première République, nous n'en disconvenons pas, eut le tort d'envoyer à la guillotine tous ceux qu'elle croyait opposés à la tranquillité publique ; mais il faut reconnaître aussi qu'on vivait dans un temps exceptionnel où tous les cœurs étaient ulcérés de haine et de colère contre les misérables qui s'alliaient avec l'étranger, et il est temps qu'on convienne de ceci : c'est que faire périr un homme sur l'échafaud constitue le même crime que de l'envoyer à la mort en bataille rangée, pour sa satisfaction personnelle.

Ce fut dans ces idées contraires à la raison et à la justice qu'on éleva la génération actuelle. Cette multitude héroïque, ces républicains qui avaient fait crouler la Bastille et qu'on avait vus à Versailles, sous les fenêtres du roi, demandant un morceau de pain ; ces français à l'agonie, on les faisait passer pour des criminels !

Aussi, quand la troisième République fut

fondée, ses adversaires rééditèrent toutes les accusations absurdes, toutes les lâches calomnies de 1792 et de 1848 ; le mot républicain passait presque pour synonyme de celui de malfaiteur. Les journaux réactionnaires répétaient sur tous les tons : Les honnêtes gens ne sont pas du parti de la République ; ceux qui la soutiennent, ce sont les révolutionnaires, les partageux, les gens perdus de dettes et de crimes. Ces mensonges ajoutés aux préventions d'autrefois furent cause que les campagnes se tinrent prudemment sur la réserve, et attendirent pour déployer leur drapeau que l'essai loyal de la République vint confirmer les espérances qu'on avait fondées en ce gouvernement.

Aujourd'hui, mon cher Mathurin, où en sommes-nous ? Quel chemin avons-nous fait depuis six ans ?

Lorsque nous nous reportons à cette guerre funeste de 1870, et que nous repassons, par la pensée, toutes ces catastrophes gravées en traits de sang dans chaque mémoire française ; lorsque nous comparons cette année de deuil et de misère avec notre situation actuelle, nous ne pouvons nous empêcher d'avoir foi dans l'avenir et confiance dans la République.

Nous avons maintenant un gouvernement

définitif qui saura se faire respecter. Le suffrage universel, par les élections du 20 février, est venu ratifier les lois constitutionnelles ; et cette vieille devise : « *Vox populi, vox Dei* » que les deux empires s'étaient arrogée par la force, elle est devenue la nôtre par la libre volonté du peuple.

Mais que d'efforts n'a-t-il pas fallu pour conserver notre conquête ! Il y a trois ans, à peine, celui qui aurait cru en la durée de la République aurait été traité de fou, d'insensé. Les monarchistes, les bonapartistes, tous gens occupant les premières places, s'apprêtaient déjà à en faire les funérailles. Les prétendants attendaient le signal de paraître ; et notre jeune République, — s'il est permis de faire cette comparaison, — ressemblait à un morceau de beurre gardé par des chats.

Cependant, les haines commençaient à s'effacer et les préventions disparaissaient déjà. Les paysans se disaient : « Mais, au fait, qu'a de si redoutable cette République qu'on nous représente comme un monstre. Est-ce qu'on viendra sérieusement prétendre que les hommes éminents qui s'appellent Thiers, Casimir-Perier, Jules Simon, Léon Say sont des gens de désordre et veulent le bouleversement de la société ? Est-il croyable qu'une

République qui s'est empressée de nous délivrer des Prussiens, de payer notre rançon, et de rassurer les gens de bien ; est-il croyable que ce gouvernement désire autre chose que la grandeur et la tranquillité de la France. »

C'est le bon sens, on le voit, et la saine appréciation des choses qui a amené la majeure partie des campagnes à se rallier au drapeau de la République. Tandis que les partis adverses songeaient aux hommes, aux princes qui représentaient leurs principes, les républicains songeaient, avant tout, à leur pays.

La France ! Il faudrait, mon cher Mathurin, qu'au milieu de nos luttes et de nos déchirements de partis, nous ayons constamment cette image de la patrie devant les yeux. Elle est là, souffrant de nos discordes, et réclamant l'aide de tous ses enfants.

L'intérêt nous égare pour un temps, les passions nous aveuglent, mais nous ne devons pas oublier le but ; et une immense tristesse envahit le cœur lorsque nous voyons certains adversaires placer leur cause avant le salut national.

Que ceux qui se disent les adversaires de la République songent à l'ennemi qui veille à nos portes, tout prêt à profiter de nos divisions intérieures. Que ceux qui ont des souvenirs ou des regrets pour les gouvernements tombés, n'oublient jamais une chose, c'est qu'avant tout il faut servir la France et obéir à ses lois.

IV

Les ennemis de la République voient d'un mauvais œil l'invasion de la politique dans les campagnes. Pour eux, mon cher Mathurin, les guerres étrangères, l'invasion des casques pointus semblent des fléaux moins redoutables que cette manie de politiquer qui a jeté ses germes jusque chez le dernier de nos paysans.

Certes, ils ont bien raison d'élever leurs clameurs et de tempêter contre ce besoin de savoir et de se rendre compte qui indique infailliblement l'agonie de nos vieux partis. Comment voulez-vous que les légitimistes et les bonapartistes parviennent à reconquérir leur ancienne influence si le laboureur, le pâtre, tous ces gens faits pour courber l'échine, se mettent à raisonner et à penser? Jamais, nos adversaires le savent bien, le pays ne voudrait consentir à se livrer de nouveau, pieds et poings liés, à un souverain tout-puissant. Est-ce que le bœuf, s'il savait lire, voudrait supporter le joug? Est-ce que l'âne, s'il avait le jugement, consentirait à aller au moulin ?

Eh bien ! je l'avoue franchement, les pleurs et les grincements de dents de la réaction nous causent à tous une joie ineffable : chacune de leurs plaintes, de leurs malédictions, marque leur détresse, leur impuissance et un nouveau pas de fait dans la voie républicaine. S'il est vrai que deux charbonniers ne puissent plus s'aborder sans causer politique, c'est la preuve que chacun aime maintenant à voir clair aux choses qui le concernent : les folies des têtes couronnées nous ayant enfin rendus sages.

Il fut un temps, — triste temps hélas ! — où l'on ne s'occupait pas de politique. Comme un jeune enfant débile, dans ses souffrances, se tourne vers sa mère, le peuple qui n'avait pas encore une idée de sa force, mettait sa confiance dans son souverain. En échange de cette protection, il devait payer, se taire et mourir au besoin. Et il mourait bien le pauvre manant ! Jamais il n'eût osé élever la voix et faire parvenir au pied du trône l'écho de ses misères et de ses souffrances ; il se croyait l'esclave, la bête de somme de ces maîtres farouches qu'on appelait le roi, l'empereur. Il était heureux de contribuer à la gloire du monarque et de le soutenir dans ses guerres, entreprises le plus souvent par orgueil, par ambition, pour venger des querelles particulières, pour obéir à des courtisanes.

Sous le dernier Empire, non plus, mon cher Mathurin, on ne s'occupait guère de politique. Nous avions un empereur, de quoi pouvait-on s'inquiéter? Mais un beau jour, en pleine moisson, le gendarme se présenta avec une feuille de route chez le père de famille et lui enleva son fils. Comme autre fois Louis XV qui déclarait la guerre — une guerre de sept ans — pour plaire à madame de Pompadour; Napoléon III voulait plaire à l'impératrice qui avait dit en parlant de cette boucherie de deux grands peuples : « Voilà ma guerre, je la veux. » Dieu sait si la nation la souhaitait! Les préfets consultés avaient tous répondu qu'on désirait ardemment le maintien de la paix; mais l'impératrice voulait, cela répondait à tout, cela tenait lieu de tous les arguments.

Nos soldats partirent sans enthousiasme; ils savaient bien que si la France allait se trouver en péril, c'était par la faute d'un empereur en démence. Une pareille fin avait de quoi attrister le cœur et déconcerter la raison des vrais patriotes! A quoi servit, en définitive, l'héroïque sacrifice de ces jeunes gens que l'Empire arracha à la charrue et à l'atelier? La plupart sont tombés derrière une haie, au revers d'un fossé, sans que leur mort profitât même à ce despote couronné qui creusa leurs tombes, et sans qu'ils laissassent d'autres traces qu'un petit tertre de gazon où l'herbe pousse plus drue et que la croix du pauvre ne désigne même pas aux regards du passant.

Voilà ce que nous n'avons pas à craindre aujourd'hui que nous sommes en République. Nous voulons la paix comme nous la voulions en 1870 ; mais nous sommes sûrs, du moins, de n'être plus soumis à un homme aveugle, à une femme capricieuse, à des ministres trompeurs. Nous sommes sûrs que les volontés de la nation ne seront pas contrecarrées par la volonté unique d'un souverain.

Il n'est pas inutile d'aborder cette question au moment où deux peuples s'immolent une fois encore pour le bon plaisir de souverains fanatiques et aveuglés. L'incendie nous gagnera-t-il, nous n'en savons rien : personne ne peut prévoir l'avenir. Il n'y a qu'une chose sur quoi le doute soit impossible : c'est la ferme volonté de la France de conserver la neutralité.

Nous garderons la réserve que nous imposent nos récents désastres. Que fera l'Angleterre ? Quelle sera l'attitude de l'Autriche, de l'Allemagne ? Personne ne saurait le dire. Quant au gouvernement français, il a compris dès le premier jour qu'il existe dans la question d'Orient un engrenage où nous ne devons pas mettre le doigt. C'est pourquoi nous pouvons être assurés que, si plus tard, nous sommes forcés de subir une guerre, la France ne l'aura pas provoquée. Nous en sommes d'autant plus certains qu'étant aujourd'hui maîtres de nos destinées, nous n'avons plus à notre tête, ni empereur, ni impératrice.

Et si nous voulons longtemps dormir tranquilles et nous reposer avec sécurité sur le lendemain, il n'y a qu'une chose à faire :

C'est de conserver la République.

V

Il est facile de prouver, mon cher Mathurin, que la République nous offre plus de garanties de paix qu'une monarchie quelconque, et qu'elle nous assure davantage la sécurité du lendemain.

D'abord, il est certain qu'une monarchie, soit bourbonnienne, soit impériale, nous donnerait une guerre comme don de joyeux avènement. Le parti légitimiste, qui a si maladroitement mêlé, depuis quelques années, la religion à la politique, n'aurait rien de plus pressé qu'à pousser la France contre l'Italie, afin de restituer au pape son pouvoir temporel. Le parti de l'Empire voudrait réparer Sedan, au risque d'amener une nouvelle invasion et un nouveau désastre. Une des premières prérogatives du nouvel Empereur, ce serait le droit de déclarer la guerre.

Quelles vengeances, maintenant, la République a-t-elle à exercer ? Quelle nation a intérêt à la provoquer ? Les guerres, les révolutions sont parfois utiles aux souverains, mais elles sont toujours désastreuses pour les gouvernements démocratiques, parce que c'est toujours le peuple qui en supporte les conséquences. Une nation qui se gouverne seule ne peut éveiller chez ses voisines aucune susceptibilité, aucune haine ; et c'est là un avantage marqué de la République sur la Monarchie.

Napoléon III n'excitait-il pas, en effet, la défiance de toute l'Europe ; et si nous avons vu, en 1870, les nations assister froides et impassibles à notre agonie, c'est qu'elles étaient heureuses de faire payer à la France les humiliations dont les avaient abreuvées nos deux empereurs. « Du délire des rois, les peuples sont punis, » a dit un ancien, et, pour notre part, nous l'avons éprouvé assez cruellement. Ce que nous avons expié, ce sont les guerres folles, iniques, inspirées par l'orgueil ou l'ambition des Napoléon : c'est l'abaissement de la Prusse à Iéna, c'est l'incendie de Moscou, la destruction de Sébastopol, c'est l'Italie à demi-affranchie malgré la foi jurée, c'est le sang de Maximilien criant vengeance. Nous avons porté le poids de ces fautes ; nous avons donné cinq milliards et nos deux plus belles provinces pour prix de notre gloire. Aujourd'hui, que reste-t-il de ces deux Empires ? Rien, rien qu'une leçon si nous voulons la comprendre.

Une supériorité incontestable de la République sur l'Empire, c'est que dans un gouvernement républicain, le droit de déclarer la guerre appartient aux représentants, aux élus du peuple et non plus à un homme seul comme sous le régime impérial. Nous avons maintenant cinq ou six cents fois plus de chances de paix qu'autrefois, et si un jour il était nécessaire de tirer l'épée pour la défense du droit et de la justice, ce serait la nation qui l'aurait voulu. N'est-il pas clair qu'il y a plus de maturité et de réflexion dans une réunion d'hommes que chez un seul, quand même il porterait une couronne ?

C'est vraiment une chose monstrueuse que

de vouloir soumettre deux ou trois nations civilisées aux caprices d'un certain nombre d'aventuriers qui les envoient, à un moment imprévu, les unes contre les autres pour se dépouiller, se tuer, s'entr'égorger, sans souci des lois divines et humaines. Pour un morceau de terre de plus ou de moins, voilà un pays rempli de sang et de carnage ! « Tu ne prendras pas, tu ne tueras pas » ce sont là des préceptes formels. Mais bah ! est-ce que Dieu a parlé pour les souverains, surtout pour ceux qui s'appellent Napoléon ? Toi, modeste laboureur, tu prends deux pouces de terre à ton voisin, c'est un vol. Eux, ces bipèdes couronnés, comme disait Paul-Louis Courier, s'emparent d'une province ; ce n'est plus un vol, c'est une conquête. Voilà comment les grands accommodent la morale à leurs passions. « Vous tuez six hommes, disait naguère Victor Hugo, vous êtes Troppmann ; vous en tuez six cent mille, vous êtes César. » On vous élève des statues.

La France d'aujourd'hui doit bénir la République, parce que, sous ce gouvernement, nous sommes devenus assez sages pour ne nous fier qu'à nous-mêmes et cesser de nourrir tout vain projet de gloire. Sous ce dernier rapport, le caractère national s'est profondément modifié depuis la guerre ; et on reconnaît enfin, grâce à cette cruelle expérience,

que, si dans le passé nous avons-fait le métier
de vider les querelles des autres, cette tâche
a été trop souvent mal récompensée.

Les souverains ont toujours des prétextes
pour précipiter leurs peuples dans les guerres. Qui sait si Napoléon III n'obéissait pas à
des sentiments de rancune personnelle en
déclarant maladroitement la guerre à la
Prusse. On n'a peut-être pas assez réfléchi à
ceci : c'est qu'en 1852, l'empereur avait demandé la main d'une princesse de Hohenzol-
lern, demande que le père fit échouer en sol-
licitant le consentement du roi de Prusse,
chef de sa famille. Cette déconvenue aurait
bien pu être une des principales causes de
l'opposition de l'Empire à la candidature Ho-
henzollern au trône d'Espagne ; d'un côté la
rancune, de l'autre de la jalousie, voilà d'où
dérivent probablement toutes nos calamités,
toutes nos hontes.

Sans doute, mon cher Mathurin, il faut se
tenir sur le qui-vive. *Si vis pacem, para
bellum,* si tu veux la paix, prépare la guerre,
dit un proverbe ; et quand même nous aurions
l'intention de redevenir sages, rien ne nous
dit que ceux qui veillent à nos portes ont des
intentions pacifiques. Nous devons être prêts
pour notre défense. Mais arrière tous ces vains
rêves de gloire : les couronnes de lauriers

n'effacent pas les taches de sang ; et loin de nous avoir conquis le respect de l'Europe, toutes ces conquêtes à travers le monde n'ont fait que nous isoler et allumer des haines de souverain à souverain, dont nous avons été les victimes. La crainte du bonapartisme doit être pour nous le commencement de la sagesse, et si nous sommes à jamais délivrés des funestes erreurs, causes de notre chute, on pourra rendre justice à l'Empire, et dire qu'il a encore été bon à quelque chose.

VI

On ne saurait trop répéter, mon cher Mathurin, que le défaut de réflexion est presque l'unique cause qui crée des adversaires au gouvernement républicain ; et que le jour où les habitants de nos villages seront disposés à faire appel à leur raison, le parti de la République sera bien près d'être celui de la France entière. Du reste, est-ce que, nous autres paysans, nous avons autre chose à demander au gouvernement que la paix et la sécurité : la paix qui nous donne des bras pour cultiver la terre et rentrer nos moissons, la sécurité qui nous permet de les vendre avec profit. Le gouvernement le plus pacifique est le meilleur que nous puissions souhaiter ; et c'est pour cette raison qu'aucun adversaire de ce régime ne devrait se rencontrer dans nos campagnes.

D'ailleurs, qu'avons-nous à nous plaindre ? Depuis six ans que nous sommes en République, a-t-on menacé les biens, la tranquillité de personne ? Nous en sommes à notre second président ; nous avons changé bien souvent de ministres : on a fait et défait des préfets, des sous-préfets et des maires, et tout le monde a continué à travailler, à vendre, à acheter, à aller et à venir. L'agriculture prospère, le crédit national se relève, notre armée est en voie complète de réorganisation, l'instruction a fait un progrès considérable. Nos adversaires seuls prétendent que la République n'a encore rien fait d'utile ! Nous leur répondons en continuant notre tâche, en apportant chaque jour notre contingent de labeur à l'œuvre commune, et en détournant la tête de ceux qui n'ont que l'injure et la calomnie à la bouche.

Il ne faut pas qu'on s'y trompe, — et nous rentrons dans la question, — ce qui fit acclamer l'Empire avec tant d'enthousiasme, ce qui causa sa popularité, ce furent ses déclarations pacifiques : « L'Empire, c'est la paix, » avait dit l'empereur à Bordeaux, sauf à tromper plus tard ce peuple français qu'il a tant dupé. Et au mois de mai 1870, les journaux impérialistes ne recrutaient pas autrement leurs voix pour le plébiscite : « Votez oui, disaient-ils, et vous aurez la paix. Si vous votez non, ce sera la guerre. » Le régime qui avait commencé par un crime ne pouvait mieux faire que de se maintenir par le mensonge. Après toutes ces vaines promesses, il nous donnait, deux mois après, la guerre la plus inepte et la plus lamentable qui soit rapportée dans l'histoire d'un peuple. « L'Empire, c'est la paix ! » Il est bon de répéter ces paroles afin de montrer jusqu'où peuvent aller l'audace et le cynisme chez ces têtes couronnées. « Paris vaut bien une messe, » avait dit Henri IV ; c'est-à-dire il ne coûte rien à l'ambitieux de renier sa foi, de mépriser ses engagements, de vendre sa conscience. « Le trône vaut bien quelques palinodies, » telle a dû être la pensée de ce sinistre souverain qui nous valut en frais de guerre dix milliards et 300 mille hommes morts, pour aller aboutir à Sedan !

Ce fut précisément pour avoir menti à son principe que l'Empire s'est écroulé. Il n'est pas inutile de rappeler encore une fois cette date du 4 Septembre, même à ceux qui ont lutté, souffert et expié ses folies. Ce n'est pas quand les blessures d'une nation sont encore saignantes et que l'herbe est à peine repoussée sept fois sur la tombe de nos martyrs, que l'on doit fermer les yeux et se complaire dans l'oubli.

Quand la France renia l'Empire et qu'une poignée d'hommes de cœur eurent saisi le tronçon brisé de son épée pour venger son honneur, ce fut justice ! Qu'on ne vienne pas essayer de fausser l'histoire, dénaturer les évènements et parler le langage des partis, tandis que la colère après six ans, nous déborde encore du cœur. Le vrai moyen de remettre l'ordre dans nos affaires quand un serviteur infidèle vole notre argent ou qu'il gère mal nos intérêts, c'est de lui donner son congé. La France a agi de la sorte avec l'Empire.

Eh quoi ! nous avions une armée sans campements, sans vivres, sans souliers même ; nos forteresses étaient dépourvues de canons, de munitions et d'approvisionnements : nos généraux couraient à la recherche de leurs brigades ; Napoléon lui-même, demandait des nouvelles de son armée au maire d'Etain ; en un mot, cette guerre avait été déclarée avec l'imprévoyance de l'enfant, et aux quinze cent mille ennemis, l'Empereur n'avait à opposer qu'une armée désorganisée et une armée sur le papier ; et l'on voudrait qu'au 4 Septembre, nous eussions dit à ce souverain : « Gardez votre épée et votre couronne, Sire, pour le bonheur de cette France que vous avez trahie, livrée ! Nous avons donné 9 milliards en 14 ans pour réorganiser l'armée, nous avons laissé à votre disposition l'argent de l'exonération ; eh bien ! cet argent, vous vous en êtes servi pour payer les dépenses cachées de l'expédition du Mexique ; notre mobile, vous l'avez laissée sans instruction dans ses foyers afin de ne pas indisposer le pays contre vous. Nous vous pardonnons. Aujourd'hui que nous pleurons les conséquences de votre impéritie et de votre imprévoyance ; restez, Sire, restez pour achever notre perte ! »

Il est impossible, mon cher Mathurin, d'insulter davantage notre bon sens et notre patriotisme. A-t-on jamais vu un homme assez fou pour réchauffer la vipère qui l'a piqué ? Les bonapartistes, ces gens qui devraient s'envelopper dans la honte, auraient voulu que nous agissions de la sorte. Leurs mensonges, leurs calomnies ne sauraient prévaloir contre l'évidence. Aujourd'hui, ils commencent à s'apercevoir que la lumière se fait dans nos villages ; ils sentent maintenant que le présent leur est fermé, que l'avenir leur échappe, et que la haine contre le régime qu'ils soutiennent grandit chaque jour dans nos âmes.

Le gouvernement de la Défense nationale a

commis des fautes; soit. Mais pouvait-il en quelques mois réparer celles que l'Empereur avait accumulées en plusieurs années? Pouvait-il comme ce héros de l'antiquité frapper la terre du pied pour en faire sortir des soldats? Insensés que nous sommes! nous raillons les membres de ce gouvernement parce qu'ils ont voulu conserver l'honneur intact; nous les insultons parce qu'ils n'ont pas désespéré de leur pays et que la fortune a trahi leur courage. Vainqueurs, ils auraient été des héros; vaincus, nous les abreuvons d'amertume. Eût-il été plus sage de constituer une régence, comme le prétendent les bonapartistes? On ne discute pas de pareilles extravagances; ce n'était pas à l'heure où les hommes étaient impuissants, qu'une femme, une étrangère, pouvait donner l'impulsion nécessaire au gouvernement. En réalité, cette régence n'aurait été qu'une République administrée par les bonapartistes; et nous aurions vu ceux qui avaient aidé l'Empire à verser dans l'ornière, constituer un gouvernement républicain. Il est inutile d'insister davantage.

Ce qui fut fait, fut bien. A l'heure qu'il est, la France se relève, grandit et prospère. Bien qu'il soit nécessaire de revenir de temps en temps sur les causes de ces désastres, ne perdons pas notre temps à regarder en arrière ; c'est du côté de l'avenir, mon cher Mathurin, que nous devons tourner nos regards. Nous voulons une République sage, honnête, pacifique ; pourquoi tous les gens vraiment patriotes ne seraient-ils pas avec nous ? Nous voulons une France puissante ; pourquoi nous désunir ? Nous voulons la sécurité dans le présent, la sécurité dans l'avenir, soutenons le gouvernement actuel ; là est le remède et le salut.

VII

« L'avenir est aux plus sages, » disait M. Thiers il y a quelques années, et ces preuves de sagesse, mon cher Mathurin, la République nous les donne chaque jour. Les partisans de l'Empire essaient, en vain, de jeter la prévention et le trouble dans le pays, ils ne font que nous confirmer dans cette idée : qu'ils sont bonapartistes par égard pour eux-mêmes.

C'est en vain que cette faction voudrait réhabiliter l'Empire et détourner nos regards de ces taches de honte qui souillent son histoire. On le voudrait qu'on ne le pourrait pas. Après les folies impériales : le Mexique et la guerre de 1870 ; après les mensonges impudents des conseillers de l'empereur ; après l'agonie de nos frères dans les bois de l'Argonne, dans les défilés du Jura, dans les casemates prussiennes ; après la paix plus ignominieuse que celle de Brétigny ; après la Commune où l'on vit des agents de Chislehurst la torche en main ; après tout cela, s'intituler bonapartiste c'est insulter la France, c'est jeter le défi au patriotisme !

Et parmi ces quelques fidèles qui, dans nos campagnes, suivent encore le drapeau déshonoré de Sedan, combien agissent par conviction, combien peuvent se dire comme le chrétien fervent : ma croyance est sincère et raisonnée ? Il n'y en a pas. Les chefs du parti impérialiste ne font que spéculer odieusement sur l'ignorance et la crédulité de nos populations. Le paysan lit peu et très-souvent il vit sur une idée ; aussi il est difficile de faire pénétrer la lumière dans son esprit lorsqu'une fois l'erreur y a pris racine. C'est précisément cette tenacité qui rallie encore quelques partisans à l'Empire.

Mais que pouvons-nous gagner à une nouvelle restauration impériale ? Voilà la question que je me suis posée souvent et qui mérite d'être éclaircie. Le parti de l'invasion, je l'ai déjà dit, ne se compose que d'ambitieux et d'aveugles. Les premiers ne voient dans l'Empire qu'un gagne-pain ; et si un beau jour la République leur donnait de belles places et beaucoup d'argent, on les entendrait crier comme nous : « Vive la République ! » Que chacun veuille bien interroger ses souvenirs à cet égard, et il reconnaîtra que cette catégorie d'affamés politiques est plus nombreuse qu'on ne croit généralement. Un tel tient à l'Empire parce que son grand-père était médaillé de Sainte-Hélène ; tel autre parce qu'un personnage influent lui a fait obtenir une place de garde-champêtre ; celui-ci parce que M. le Député a fait exempter son fils du service militaire. Que sais-je encore ? C'est par dizaines qu'on rencontre des gens de cette catégorie dans les villages. Osez suspecter leur patriotisme ! Ils se fâcheront tout rouge et vous montreront le poing. La seconde catégorie est encore plus nombreuse, et la meilleure raison que puissent donner ceux qui la composent, pour justifier leur opinion politique, c'est celle de Jacques Bonhomme qui prétend que Napoléon est un plus beau nom que République.

Encore une fois, mon cher Mathurin, est-ce que nous serons toujours un peuple de dupes ? Voilà cent ans que nous tournons sans cesse de Monarchie à République et de République à Monarchie ; chacun de nos pas nous vaut une leçon, et il se trouve qu'aujourd'hui les coupables passeraient pour des innocents aux yeux de beaucoup. Deux exemples suffiront à le démontrer.

Sept ans se sont écoulés depuis la plus funeste des catastrophes : le 4 Septembre nous rappelle comment l'honneur et la fortune de la France furent sur le point de sombrer dans une de ces entreprises, telles qu'en rêvent les Bonaparte. Eh bien ! cette lutte sanglante, tout le monde sait qui l'a voulue. A part quelques têtes brûlées qui criaient sur les boulevards de nos villes : « A Berlin ! A Berlin ! » les gens des campagnes se souviennent encore avec quelle émotion mêlée d'amertume ils accueillirent la nouvelle de la déclaration de guerre. Est-ce que la France n'était pas déjà lassée de ces immenses tournois où périssent en quelques heures l'élite d'une nation ? Est-ce que les mères purent voir jamais d'un œil sec partir leurs fils pour ces tueries qu'on appelle encore les luttes de la gloire. La vérité la voilà : c'est qu'un homme, un empereur, vingt ans durant, nous avait mis le poing sur la gorge. On n'osait pas crier : ses caprices, on les subissait. On croyait à ses mensonges et à ceux de ses ministres. On croyait, comme il l'avait affirmé en 1869, que nous étions prêts à toutes les éventualités ; on croyait Rouher qui disait : « Grâce à vos soins, Sire, la France est prête ; » on croyait Lebœuf qui affirmait que rien ne nous manquait, pas même un bouton de guêtre. Et lorsqu'un jour, on reconnut que l'Empire n'était que tromperie et gaspillage et qu'on entendit des milliers de voix mourantes accuser le César moderne et son incurie, César s'était rendu prisonnier ; et dans les chaumières, lorsqu'on allait compter les absents, la République allait être rendue responsable des jeunes gens que l'Empire nous avait arrachés pour les mener à la boucherie. Voilà pourtant comme on raconte l'histoire au village.

Voyons, mon cher Mathurin, est-il raisonnable de faire supporter à notre gouvernement le poids de maux qu'il n'a pas amenés ? Celui qui a voulu tout cela, n'est-ce pas l'Empereur ? Nos adversaires qui depuis lors, essaient de reconquérir leur influence par le mensonge, objectent qu'en présence de ce désarroi la République eût dû conclure la paix au 4 Septembre. La meilleure raison qu'on puisse leur opposer, c'est que l'Empire lui-même avait l'intention de continuer la guerre à cette époque ; la preuve se trouve dans la proclamation des ministres de l'Empereur : « Paris est aujourd'hui en état de défense, y lit-on. Les forces militaires du pays s'organisent. Avant peu de jours une armée nouvelle sera sous les murs de Paris ; une autre armée se forme sur les bords de la

Loire. » Les impérialistes étaient donc bien résolus à tenter la fortune, et la République n'a pas fait autre chose. Est-ce que tous nous n'avons pas eu jusqu'au bout l'espérance de vaincre? Est-ce que ce n'est pas un misérable général bonapartiste qui a ruiné toutes nos prévisions : Bazaine. La plume grince en écrivant ce nom.

Voilà la vérité, l'histoire ne tiendra pas un autre langage; et il est incroyable qu'il se trouve encore des gens capables d'excuser l'empereur et ses conseillers. N'est-il pas clair que si nous n'avons pas encore toutes les satisfactions possibles, c'est parce que la République doit payer les conséquences de leur ignorance et de leur incapacité : 700 millions de rente par an. En rendre la République responsable, c'est ressembler à cet insensé jetant la pierre à un fils de famille parce qu'il a hérité des dettes de son père. Est-ce sa faute, à lui, si l'auteur de ses jours a manqué d'économie et de sagesse? Non, cent fois non. Pourquoi donc ne pas être aussi logiques dans tous nos raisonnements?

Les ambitieux que la République a rendus à la vie privée se servent volontiers d'armes maladroites; tous ceux qui regrettent dans l'Empire les faveurs et les pièces d'or du souverain sont peu scrupuleux sur ce point, et pourvu qu'ils arrivent à discréditer le gouver-nement actuel, les plus mauvaises raisons leur sont bonnes. C'est ainsi qu'en 89 on rendit la Révolution odieuse.

Courbé sur son sillon, le peuple de ce temps-là donnait ses sueurs à des terres qui ne lui appartenaient pas; nobles et prêtres s'abattaient sur lui pour le pressurer. Soumis à d'iniques vexations, l'ouvrier, l'artisan mou-raient de faim. Une aurore bienfaisante se leva enfin; d'une nation d'esclave, la Répu-blique nous fit un peuple libre. Mais comment fermer en quelques années des blessures que plusieurs siècles avaient fait naître. Comment lutter contre un passé terrible encore dans son agonie? Après des luttes malheureuses, la République succomba à la tâche. Les roya-listes usèrent du procédé renouvelé par les bonapartistes de nos jours. Ils firent de la République un gouvernement impossible, mais ils se gardèrent bien de dire que son impuissance ne s'était manifestée qu'en vou-lant guérir trop vite les maux qu'ils nous avaient causés.

Chaque fois que la République fit son appa-rition chez nous, c'était pour y exercer une œuvre réparatrice. Deux fois elle périt dans les guet-apens en héritant de l'impopularité des Monarchies qui l'avaient rendue nécessaire. Mais la République actuelle n'a rien à craindre des partis adverses. Pour la première fois, les républicains ont compris que pour durer leur gouvernement devait être la France. Il le devient chaque jour; et de même que l'homme de mer monte avec la marée, nous agirons tous de la même façon avec la République. Pour cela il faut s'en rendre digne, — ne porte pas qui veut le nom de républicain; — et c'est par l'instruction, l'étude sérieuse de la vérité que nous deviendrons dignes de travailler au salut commun. Il faut que chacun se prépare à ce travail de tous, et que, comme le Spartiate, nous dormions sur nos armes.

VIII

Il est encore dans nos campagnes, mon cher Mathurin, certaines gens qui ne veulent pas comprendre pourquoi les anciens partisans du gouvernement impérial puissent, à l'heure présente, s'avouer républicains. Le lavage de sang qui a passé sur notre pays n'a pu secouer leur léthargie!

Bien qu'il m'en coûte de revenir sur ce sujet, il faut qu'avant tout la lumière se fasse dans tous les esprits, et que le plus ignorant comme le plus instruit sache. et comprenne.

Fiat Lux ! on ne doit pas se lasser de porter la lumière et le fer rouge où règnent les ténèbres, où il reste un vice à signaler, une turpitude à flétrir.

Est-il croyable qu'il puisse se rencontrer des adversaires venant nous dire : Vous êtes des renégats, des apostats, vous tous qui acclamez la République après avoir accepté l'Empire. A quoi donc sert la vie si nous ne savons profiter des enseignements qu'elle nous donne? Si le passé n'enseigne rien à l'avenir, à quoi bon la mémoire? Or, en France, où l'on oublie si vite, il est une flétrissure que les rares survivants de la dynastie déchue voudraient infliger à ceux qui l'ont reniée en 1870, c'est celle-ci : « Ils ont changé d'opinion »

La main sur la conscience, pouvait-on faire autrement? Quoi ! nous aurions vu l'honneur et la fortune de la France sombrer dans une entreprise rêvée par Bonaparte ; ce souverain nous aurait audacieusement trompés en affirmant que nous étions prêts à toutes les éventualités ; nous aurions entendu l'impératrice déclarer que cette guerre c'était la sienne ; nous aurions été témoins combien les affirmations de Rouher et de Lebœuf n'étaient que mystification ; nous aurions vu s'évanouir les espérances que nous avions mises en Bazaine, digne personnage d'un tel Empire ; nous aurions vu tout cela, et nous n'aurions pas changé d'opinion ! Nous serions restés les mêmes sans incrédulité quand tout trompe, sans variation quand tout varie! Non les gens qui nous accuseraient d'apostasie ne le penseraient pas.

Quant à nous, nous garderons ces leçons. Mais comment se fait-il — et cette question est logique — qu'il puisse se rencontrer encore des adhérents à l'Empire ? Serait-il croyable que certains de nos adversaires puissent souhaiter la restauration de ce régime, tandis que la République nous donne de plus sérieuses garanties de paix et de stabilité ? Je ne puis malheureusement pas cacher plus longtemps, mon cher Mathurin, la nouvelle plaie morale qui justifie l'attachement de quelques partisans au régime impérial,

Dans nos campagnes où la réflexion en matière politique fait si souvent défaut, l'intérêt personnel, les calculs les plus égoïstes priment souvent les questions de patriotisme et d'intérêt général. Chacun pour soi, chacun chez soi ; c'est la devise de beaucoup de nos paysans. Les exemples abondent. On se souvient qu'avant 1870, la grande partie de la nation s'exemptait du service militaire à prix

d'or, et que la classe la plus pauvre, la mino-
rité, par conséquent, payait seule la plus
lourde dette : l'impôt du sang. L'armée n'était
alors qu'une réunion de mercenaires, de ven-
dus ; et quand l'Empereur envoyait ses soldats se faire tuer en Chine ou, au Mexique, on
applaudissait, pourvu qu'on ne contribuât
pas à alimenter ces boucheries sanglantes.

Croit-on que, si tout le monde eut été appelé à porter une arme, et que les gloires de
l'Empire se fussent comptées, dans toutes les
classes, par le vide des foyers, l'Empereur
eut recueilli 7 millions 500 *oui ?* Certes non ;
mais à cette époque, beaucoup ne voyaient
pas plus loin que leurs écus, et pourvu que
leur grain se vendit un bon prix, ils croyaient
que tout allait bien.

Aujourd'hui, la France a cherché un remède
à son écrasement en poussant le cri de
guerre à l'ignorance et au privilége. Eh bien !
le croirait-on, on trouve dans les classes
aisées, des adversaires de la République uni-
quement parce qu'elle a déclaré le service
militaire obligatoire pour tous. « Sous l'Empire, disent-ils, on payait et on ne devait plus
rien. » Il est vraiment triste d'avoir à signaler de tels abaissements de caractères ; et
lorsqu'on les constate, on peut être certain
que chez ces individus, la raison s'en va et le
cœur ne parle plus.

Pauvres français! Il est donc vrai que dans les rangs de ce parti bonapartiste, il en est qui méconnaissent la plus simple notion du patriotisme. L'égoïsme les tue, et ils toléreraient au besoin une restauration impériale pourvu que ce nouvel Empire les laissât à leur charrue. Oui, parmi les fidèles de cette dynastie, il en est qui voudraient encore pour un peu d'or, se délier de leurs devoirs envers le pays! Qu'ils sachent donc, ces faux-patriotes, que si le drapeau ennemi a flotté sous le ciel de notre Champagne, c'est parce qu'ils ont abdiqué leurs libertés, leurs volontés entre les mains d'un maître; c'est parce qu'ils se sont courbés servilement sous le sceptre de ce parjure qui trahissait la République en 1851 pour nous livrer aux Prussiens en 1870.

Et ce sont ces gens, qui devraient avoir le plus appris parce qu'ils ont été le plus dupés, qu'aujourd'hui nous voyons persister dans leurs erreurs et s'obstiner dans leur aveuglement. Que ne songent-ils à faire un retour sur eux-mêmes, et à se demander s'ils n'ont pas contribué, pour leur part, à l'abaissement de leur pays! La honte ne germe que dans un sol préparé; et le peuple français fut le premier coupable en choisissant pour maintenir l'ordre, un prince qui n'était connu que par ses conspirations et ses tentatives de désordre : Strasbourg et Boulogne.

L'Empire a porté les fruits qu'il devait donner, c'était à nos pères de ne pas le laisser faire. S'ils avaient été pénétrés du sentiment de leur dignité ; s'ils avaient fait bonne garde autour de leurs libertés, on ne les eût pas volées effrontément, ils n'auraient pas couronné le voleur. Peut-être cette épreuve était nécessaire pour que la France ouvrît les yeux ! Au moins, il serait à souhaiter qu'aujourd'hui tout le monde profitât des leçons de cette rude expérience. Songeons à ce que fit la Prusse au lendemain d'Iéna. Au lieu de se fractionner, de se diviser, de marchander au pays l'argent de leurs sueurs, le sang de leurs veines, les Allemands se sont unis dans la communauté du malheur ; ils ont travaillé silencieusement à leur grandeur et à leur prospérité future.

C'est cet exemple-là, mon cher Mathurin, que nous devrions suivre. Trève à nos divisions, à nos discordes : préparons l'avenir par le travail et l'instruction ; façonnons-nous à cette école qui procure la véritable supériorité. Que nous importent ceux que l'intérêt personnel éloigne de nous ? Laissons-les soutenir la cause de l'Empire : il est bon qu'on se les montre du doigt. Les Spartiates, nos maîtres en sagesse, inspiraient à leurs enfants l'horreur de l'ivresse en leur montrant des esclaves ivres. Nous, nous montrerons ces gens destinés à jouer le rôle du Spartiate aviné. Qui sait s'ils ne sont pas les Ilotes du bonapartisme qui ramèneront les autres à nous ? Les gens sensés de ce parti verront bientôt quel égoïsme, quelles passions, quelles rancunes rangent cette tourbe sous le drapeau de Sedan.

IX

Je ne connais rien de plus absurde en politique que l'hérédité, ce privilége en vertu duquel un prince, parce qu'il est fils de roi ou d'empereur, est appelé à gouverner plusieurs millions de ses semblables.

Tout le monde est unanime à glorifier la Révolution et à applaudir au courageux élan qui, dans un jour d'indignation, nous fit briser nos chaînes ; mais ce que beaucoup de nos adversaires ne semblent pas comprendre, c'est que de toutes ces inégalités d'un autre âge, la plus monstrueuse, la plus choquante, c'est celle qui prétend nous courber à perpétuité sous le joug de deux ou trois familles privilégiées.

Qu'on vienne par exemple dire au premier

paysan venu : « Vous savez que le maire de votre commune est un magistrat tracassier et ignorant, qui se moque de son conseil, qui dispose à son gré des deniers publics et verbalise contre tous ses ennemis. Eh bien ! malgré tout, ce maire sera maintenu dans ses fonctions. Qu'il agisse bien, qu'il agisse mal, il gardera son écharpe, et, à sa mort, son fils sera appelé à lui succéder. »

Je voudrais voir qu'on vienne édicter une pareille loi et qu'on essaie de la mettre en pratique sans soulever la réprobation générale. Il n'y aurait pas en France, mon cher Mathurin, un seul individu assez déraisonnable pour accepter une telle servitude : « Comment, dirait-on, nous serions obligés de supporter continuellement les caprices de cet homme ? Est-ce que cette charge ne doit pas se donner au plus méritant ? Si vous voulez que le fils succède au père, ne pourra-t-il pas arriver plus tard qu'il se trouve dans la famille un idiot ou un incapable. » Voilà les objections qu'on ne saurait manquer de faire valoir, et, en effet, elles sont concluantes.

Les adversaires de la République sont parfaitement d'accord avec nous sur ce point ; cependant — et voyez dans quelle contradiction ils se jettent — ils admettent qu'un souverain, le maître de toutes les communes de France, doit léguer sa couronne à ses descendans de la même manière qu'on se transmet un héritage. D'un côté, ils redoutent la tyrannie d'un simple maire, de l'autre ils ne craignent pas de se livrer pieds et poings liés à un prince tout-puissant dont le despotisme a des conséquences autrement fâcheuses. Les objections de tout à l'heure se représentent ici avec autant de force. Un roi ou un empereur n'a plus à gérer quelques milliers de francs, mais il manie des centaines de millions; il ne commande pas seulement à quelques sujets, mais il dispose à son gré du pays entier. A l'improviste, il vient enlever les enfants à la charrue pour les envoyer à la frontière : « Va, mon ami, leur dit-il, va te faire tuer là-bas à mon service. » C'est ainsi que les réactionnaires, bonapartistes ou légitimistes se piquent de logique. Si le moindre fonctionnaire commet une faute, ils demandent sa destitution ; si, au contraire, un Napoléon fait périr cent mille de ses concitoyens, ils l'acclament aux cris de vive l'Empereur et demandent que son fils lui succède.

Ah! si on voulait comprendre une bonne fois, si seulement on se donnait la peine de regarder dans le passé pour y chercher des

˜leçons et non des pierres pour nous lapider les uns les autres, on apprécierait à leur juste valeur tous ces porteurs de couronnes dont l'ambition, l'incapacité ont, la plupart du temps, déchaîné sur le monde de si terribles fléaux. On arriverait insensiblement à aimer et à soutenir ce gouvernement populaire, la République, le seul qui soit intéressé au repos et à la prospérité du pays.

Le régime actuel veut que ce soit le plus capable, le plus moral, qui fasse exécuter les volontés de la nation, exprimées librement par ses représentants. La République redit le mot d'Alexandre sur son lit de mort : « Que la puissance soit au plus digne. » Et si, à l'expiration de ses pouvoirs, le président a mécontenté le pays, on lui signifie son congé paisiblement, tranquillement. Pour cela, il suffit de quelques papiers jetés dans une urne, tandis que quand il s'agit de renvoyer un roi ou un empereur, il faut faire des révolutions, soulever des pavés et tirer des coups de fusil dans la rue,

Grâce à ce gouvernement, nous sommes certains que nos économies ne serviront pas à doter des princes et à gorger tous les fainéants de cour ; nous sommes assurés de ne faire que les seules guerres jugées, par nos représentants, utiles à la défense du pays.

Personne ne peut nier ceci, c'est que cette funeste doctrine de l'hérédité a rempli le monde d'agitations, de guerres et de ruines. Les conséquences, les voici en quelques mots : Sur le trône, tous ces monarques par la grâce de Dieu n'ont qu'un guide, leur bon plaisir ; lorsqu'ils en sont descendus, ils n'ont qu'un but, conspirer pour y remonter. L'histoire atteste ces vérités, et il n'est pas inutile d'en dégager les enseignements profitables. D'ailleurs, la raison nous dit qu'en agissant à leur guise, ces souverains n'ont rien à craindre puisqu'ils sont certains d'avance de céder le trône à leur famille.

Guerres étrangères, guerres civiles, ce sont là les plus doux passe-temps des princes. Retournons seulement à quatre-vingts ans en arrière. A l'heure où l'invasion menaçait notre pays, en 1793, à cette heure de suprême détresse, la noblesse française suscitait une guerre civile en Vendée et excitait le fanatisme religieux de ses habitants contre la République, afin d'asseoir un prince débile sur le trône de ses pères. Quarante ans après, la duchesse de Berry, déguisée en paysanne, conspirait contre Louis-Philippe et soulevait ces mêmes populations au nom de son fils Henri V. Si le sang n'a pas coulé à flots, certes ce ne fut pas la volonté qui manqua à cette héroïne du droit divin !

Est-il nécessaire de rappeler les conspirations de Strasbourg et de Boulogne, entreprises contre le même roi et à une époque où la France était tranquille, par cet aventurier qui devait s'appeler Napoléon III et fonder l'Empire au sortir de sa prison !

On se souvient encore des intrigues monarchiques de 1877, de ces conspirations, de ces complots qui avaient pour but de remettre la France entre les mains des Bonaparte, ou autres prétendants du même calibre. Est-ce qu'on viendra sérieusement prétendre que tous ces princes et leurs accolytes songeaient à leur pays, au bien-être de la nation lorsqu'ils excitaient les passions, lorsqu'ils fomentaient la guerre au sein du pays pour s'asseoir sur un trône de velours ! En vertu de quel droit osaient-ils réclamer une couronne ? Qui donc a partagé ainsi les hommes en deux classes, ceux qui sont nés pour commander, ceux qui sont nés pour obéir ?

Trop longtemps on a cru que les peuples n'étaient faits qu'à l'usage des têtes couronnées, et que leur rôle ici-bas était de payer et de se taire. On commence à sortir du sentier de l'erreur ; mais il reste un pas à faire. Les campagnes le feront. Petit-fils de manant, toi qui es aujourd'hui un homme libre, souviens-toi d'une chose, mon cher Mathurin, c'est que ta situation actuelle tu la dois à la République ; n'oublie jamais, non plus, que c'est encore elle qui nous a guéris des maux causés par nos souverains, et que si nous l'aimons, ce n'est que reconnaissance légitimement due.

X

« Qui peut tout, veut tout », dit un proverbe, et c'est là, mon cher Mathurin, la condamnation la plus formelle du gouvernement d'un seul. Sous Louis XIV, Bossuet enseignait au peuple que le roi avait reçu de Dieu la mission de le nourrir, et le peuple mourait de faim ! Sous Napoléon Ier, la nation entière réclamait un peu de calme après les orages révolutionnaires, et le sinistre empereur livrait des batailles ! Quand on songe que depuis un siècle, toutes nos révolutions ont eu pour cause cet antagonisme, cette lutte incessante, inévitable du roi et du peuple ; on se demande, en présence des partis qui nous divisent, s'il était bien nécessaire de conquérir nos libertés une à une, et au prix d'efforts de géants. A quoi sert-il d'avoir vu, d'avoir vécu ? Ne ressemblons-nous pas à ces paysans du Vésuve qui, une fois l'éruption terminée, reconstruisent leur cabane sans avoir souci des catastrophes à venir ?

Eh quoi ! nous ne serions ni plus sages ni plus sensés que ces montagnards ? Nous voulons un roi, un empereur, et l'histoire nous répond : Louis XVI, Napoléon Ier, Charles X, Louis-Philippe, Napoléon III sont tombés pour avoir préféré leur volonté personnelle à celle de la nation. Louis XVI disait : « Jamais je ne consentirai à dépouiller ma noblesse et mon clergé », et le pauvre roi ne conservait même pas sa tête ! Napoléon Ier se trouvait trop à l'étroit dans la moitié de l'Europe, et, par une ironie amère, on l'envoyait régner à Saint-Hélène ! Charles X, Louis-Philippe trouvaient bon de résister aux vœux du pays, et le peuple leur montrait le chemin d'Angleterre ! Et Napoléon III engageant une guerre funeste pour plaire à de mesquines coteries, terminait l'épopée du second Empire à Sedan !

Comment la nation aurait-elle pu être entendue de ces puissants qui peuvent tout ce qu'ils veulent ? Catherine II répondait ainsi, il y a un siècle : « Les rois doivent suivre leur marche sans s'inquiéter des cris du peuple, comme la lune suit son cours sans être arrêtée par les aboiements des chiens. » Ce qu'écrivait cette reine cynique, c'est en réalité la pensée de toutes les têtes couronnées. Que d'efforts n'a-t-il pas fallu depuis pour en arracher quelques bribes de nos droits !

Il est bien évident que partout où la volonté
d'un homme fait la loi, règne l'arbitraire, le
despotisme. Le peuple n'a qu'un droit, celui
de payer et de se taire. C'est là précisément
la vraie cause des exactions seigneuriales et
de la misère des campagnes au moyen-âge.
Qu'avaient à craindre ces monarques puisqu'il n'existait aucune justice au-dessus
d'eux? aucune justice, hormis celle de Dieu
qu'ils méprisaient.

Un roi, un empereur, aiment-ils la gloire'
les honneurs, les plaisirs? ils n'épargneront
rien pour satisfaire leurs goûts, même à notre
détriment. Qu'un souverain soit guerrier
comme Alexandre, insensé comme Charles
VII, dépravé comme Louis XV, c'est nous qui,
en définitive, souffrons de ses guerres, de ses
folies, de ses débauches. Et c'est parce que
nous voulons éviter à tout jamais les boule-
versements, que je ne cesserai de te répéter :
La République est le salut.

Il est temps, mon cher Mathurin ; il est
même plus que temps de renoncer à ce rôle
de dupes que nous jouons depuis longtemps
déjà. Si jamais la fantaisie nous reprenait
d'acheter un souverain, il ne resterait plus
qu'à comparer la France à une vieille mar-
quise remplie de dettes, et qui, par un reste
d'habitude, emploierait ses dernières res-

sources à s'acheter des bijoux et de faux
cheveux. Nous serons plus dignes. Notre vieil
honneur militaire terni, notre prospérité ma-
térielle perdue, le pays envahi et mis à con-
tribution, on ne pardonne pas de telles hontes ; on n'oublie ni ces choses ni ceux qui en
sont les auteurs.

J'appelle de tous mes vœux le jour sou-
haité où tout le monde sera d'avis qu'il vaut
mieux faire ses affaires soi-même et conserver cette République qui est le gouvernement
du peuple par le peuple. Obéissons à ce
souffle de démocratie qui pénètre les âmes et
sachons comprendre qu'une nation dans son
ensemble a plus de sagesse et de bon sens
qu'un souverain quelconque, fût-il plein de
sagesse et de bon sens. Le peuple, en un mot,
est-il fait pour le roi ou le roi pour le peuple ? Qui a intérêt à ce que la tranquillité
règne dans le pays, à ce que les impôts soient
bien répartis, les chemins bien entretenus ;
est-ce nous tous qui formons la nation, ou
bien est-ce un homme seul qui se dirait notre
pilote, notre pasteur ? — Monarque ou pasteur c'est la même chose : pour lui le peuple
est un troupeau dont il a la conduite. — Le
bon sens nous répond. Jamais, si ce n'est
dans les siècles d'ignorance et d'asservisse-
ment, on n'est venu contester à un peuple le
droit de donner son avis en matière de gou-

vernement. *Vox populi, vox Dei*, la voix du peuple, c'est la voix de Dieu ; voilà le principe de toute souveraineté, et c'est là précisément la base inébranlable du gouvernement que nos votes viennent de fonder. Interrogeons l'histoire, y trouverons-nous un seul gouvernement qui puisse se vanter d'être plus légitime que la République française ? Est-ce Henri IV, le chef de la maison de Bourbon, employant la force des armes pour conquérir le trône ? Est-ce la restauration de 1814 revenue dans les fourgons de l'ennemi à la faveur de l'invasion ? Est-ce Bonaparte, violant la loi et ramassant une couronne dans le sang de Décembre ? Non, ceux-là l'histoire les démasque et leur dit : Le seul gouvernement juste, le seul légitime, c'est celui qui n'est ni enté sur l'ambition, ni imposé par la violence ; c'est celui que le peuple proclame par le libre exercice de sa volonté. C'est ce que nous venons de faire.

Sachons donc comprendre une bonne fois qu'en soutenant la République, mon cher Mathurin, nous faisons acte de bon citoyen et de patriote : nous soutenons ce qui existe.

Au reste, quel reproche sérieux et fondé pouvons-nous faire au gouvernement actuel ? A-t-elle opprimé la religion, cette République, elle qui donne asile aux prêtres persécutés de Suisse et d'Allemagne ? A-t-elle menacé la propriété, elle qui a restitué les biens des princes d'Orléans ? A-t-elle outragé en quoi que ce soit le principe de l'égalité én décrétant le service militaire obligatoire ?

Aveugle qui ne veut pas voir ! Mais la jeune France va à la République comme au seul gouvernement possible. « Il n'y a pas une âme de vingt ans qui ne soit républicaine, il n'y a pas un cœur usé qui ne soit servile », a dit Lamartine avec raison. Et en effet, les seules attaches que les gouvernements déchus possèdent encore, disparaissent tous les jours. C'est la France vieillie, ignorante, servile, c'est la France qui meurt. Habitués à se courber sous la main d'un despote, nos pères ont éprouvé ce qu'il en coûte de faire l'abandon de ses libertés ; mais la leçon ils ne l'ont pas comprise et ils conserveront jusqu'à la mort le pli de la servitude. C'est à nous, mon cher Mathurin, de montrer la supériorité de la République sur la Monarchie en appelant autour de nous tous les Français. Par notre modération, notre sagesse, nous dissiperons tous les préjugés que nos adversaires entretiennent parmi nous. Nous ramènerons dans le bon chemin ceux qui s'égarent, nous ouvrirons les yeux à ceux qui ne voient pas ; et à ceux qui ne marchent pas assez vite, nous leur tendrons la main.

XI

Les braves gens de nos campagnes, qui professent une horreur profonde pour la République, doivent faire de singulières et bien amères réflexions lorsqu'ils songent à la possibilité d'une restauration impériale, et aux moyens violents qui peuvent, seuls, la faire réussir. Tout bonapartiste qu'on soit, mon cher Mathurin, on n'est pas supposé dépourvu entièrement d'humanité et de généreux sentiments : la raison doit encore parler, le cœur a peut-être encore quelques étincelles qui couvent; telles sont les suppositions qu'on peut se permettre à l'égard de ces partisans du régime déchu. Malheureusement! ces illusions disparaissent bien vite lorsqu'on considère ce qu'ils souhaitent, ce qu'ils désirent pour leur pays.

Acclamer un nouvel Empire! Y songent-ils sérieusement? J'ai toujours entendu dire que la défaite s'efface, la honte jamais : on revient de Waterloo, mais on ne revient pas de Sedan. Cette seule considération devrait nous tenir éloignés à tout jamais d'un gouvernement qui compte trois invasions à son actif. Mais il y a d'autres raisons, plus frappantes et plus palpables, qui doivent nous détourner d'un quatrième Empire.

Le bulletin de vote est aujourd'hui notre seule arme : nous avons confiance en lui pourvu qu'il soit mis au service d'une intelligence. Ce précieux résultat, nous l'atteignons chaque jour ; la République a pour auxiliaires l'instruction qui se répand partout, les générations nouvelles qui succèdent aux débris du passé. Or, nous le demandons, est-ce à la suite d'élections où les républicains ont remporté partout une immense majorité, que les amis de l'Empire comptent voir sortir de l'urne le nom du jeune rejeton des Bonaparte? Espèrent-ils que les électeurs qui, — malgré toutes les pressions, toutes les intimidations dont on les a environnés, — ont su porter haut et ferme l'étendard de la démocratie ; espèrent-ils, dis-je, que les électeurs se déjugeraient sitôt, en se ralliant autour d'un prétendant qui rappelle d'aussi amers souvenirs? Nous ne le croyons pas.

Les bonapartistes doivent avoir perdu tout espoir de ce côté. Il y aurait vraiment de quoi hausser les épaules si jamais nous les entendions venant nous dire : « Voilà huit ans que la République vous laisse travailler en paix, renvoie à la charrue ou à l'atelier les enfants qu'elle vous a pris ; eh bien ! il est temps d'en finir avec ce gouvernement et de nous rendre votre confiance. Il est prouvé que le bonheur d'une nation consiste à remettre ses destinées entre les mains d'un empereur, et à partir en guerre tous les trois ou quatre ans, pour la satisfaction personnelle d'un Napo--léon. »

D'un bout de la France à l'autre, il n'y aurait qu'un seul cri pour leur répondre, et ce cri serait : République.

République ! c'est-à-dire maintien du régime qui nous a tirés sanglants, mutilés d'entre leurs mains, à la suite d'une guerre insensée, entreprise par eux le cœur léger ; affermissement du gouvernement qui a payé les milliards de la rançon et les milliards de la ruine, qui a relevé notre crédit et rendu la confiance et l'essor au travail.

C'est donc autrement que par des moyens pacifiques que l'hôte de Chislehurst et ses partisans espèrent ressaisir le pouvoir. Un coup d'Etat, c'est si simple !

Pauvres gens ! Pauvres cerveaux qui rêvent de pareils fléaux !

Un coup d'Etat ! c'est le mépris de la volonté nationale, c'est l'armée marchant contre les représentants, contre le peuple ; ce sont vos enfants exposés à la mort en combattant contre des Français ! Et voilà ce que vous souhaitez pour votre pays !

Ils ne savent donc pas, mon cher Mathurin, ce qu'ils disent quand ils parlent de semblables calamités. Quoi! il faudrait faire couler le sang une nouvelle fois pour enchaîner notre liberté, pour nous livrer pieds et poings liés à un empereur. Il faudrait voir se renouveler les scènes de 1851 : les mandataires du pays jetés sur la paille pourrie des cachots et des prisons, les boulevards parisiens jonchés de quatre cents mourants, les îles de l'océan peuplées de citoyens français. Il faudrait voir cela et les bonapartistes ne reculeraient pas. Au-dessus de la patrie ils placeraient un enfant!

Non! j'aime mieux croire que le manque de réflexion égare ces gens et les enchaîne à un régime aussi fatal. L'Empire est mort et bien mort : on comprend aujourd'hui que consulter le peuple, après avoir fermé la bouche à ceux qui ont la mission de le représenter, c'est ressembler à ce bandit qui, après avoir dépouillé un voyageur, le force à déclarer, le pistolet sous la gorge, qu'il est le légitime possesseur du vol.

Mais en vertu de quel droit, au nom de quels principes, hommes de l'appel au peuple, voulez-vous qu'un souverain vienne nous pétrir et nous façonner à sa guise, et qu'une bande de coupe-jarrets impose silence à la majorité du pays pour s'installer au pouvoir. Jamais, non jamais on ne viendra nous faire croire qu'une nation comme la nation française soit éternellement condamnée à subir le joug déshonorant, le despotisme d'un empereur ou d'un roi. La France n'est point un patrimoine donné à une famille privilégiée. Elle a le droit d'imposer sa volonté et de se gouverner comme elle l'entend.

Les électeurs ont assez prouvé que la République c'est la France.

XII

Ces quelques lettres suffisent, mon cher Mathurin, pour te montrer combien les adversaires de la République amassent de haines, de mensonges et de calomnies contre le gouvernement que la nation s'est librement donnée. C'est une sombre armée que celle qui voudrait nous ravir les précieuses conquêtes de nos pères, et nous forcer à retourner sur nos pas! L'aventure du Seize-Mai, ce suprême et dernier effort de la réaction aux abois, a dû désiller les yeux et éclairer tous ceux qui ont encore l'amour du pays au cœur.

Cette malheureuse France! les républicains l'avaient relevée sanglante et mutilée. Comme un malade qu'on rend à la santé à force de soins et de ménagements, un illustre patriote cherchait à lui rendre son rang parmi les nations, délivrait le territoire, payait notre rançon et rétablissait le calme intérieur. La République, en un mot, s'établissait chez nous par la puissance du fait et des services rendus. Malheureusement, les hommes du passé veillaient dans l'ombre.

Divisés sur la forme du gouvernement, repoussés par la nation qui ne veut plus d'eux, les réactionnaires sont atteints de la folie du désespoir et de la rage de l'impuissance. Ce qu'ils veulent à tout prix, c'est le pouvoir, c'est la domination. Qu'importe l'agitation du pays, l'inquiétude des esprits, le malaise du commerçant ; qu'importe que nous glissions sur la pente de l'abîme, que la France devienne pour l'Europe un objet de risée, pourvu que la République succombe et que les affamés de places, d'honneurs et de galons soient satisfaits.

Il faudrait que nous fussions tombés aussi bas que les peuples les plus grossiers et les plus ignorants pour confier nos destinées à trois partis qui n'ont que des haines à défaut de principes communs. Et quel régime, en effet, nous réservent-ils le jour où leurs projets réussiraient ? Quel prince serait assez heureux pour rallier bonapartistes, légitimistes et orléanistes? Le pays, qui voit déjà ces gens divisés à l'heure actuelle, frémit en songeant aux catastrophes qui surgiraient si jamais cette éventualité se réalisait. Ce serait une nouvelle révolution, et la pire de toutes.

Pour apprécier à leur juste valeur ces prétendus sauveurs de la société, il faut que nos villageois n'oublient jamais ceci, c'est que le gouvernement actuel n'a eu à redouter leurs embûches et leurs complots qu'à dater du jour où ils virent la confiance et le crédit renaître, et où ils nous ont cru assez riches pour doter un souverain de l'argent de nos sueurs. Au lendemain de la guerre, ils avaient un restant de pudeur. La France leur paraissait si appauvrie qu'elle ne leur semblait pas valoir un coup de dent. Ce fut un éblouissement quand l'Europe nous offrit quarante-trois milliards! La coalition sortit bien vite de son sommeil, et le dernier prussien avait à peine passé la frontière qu'ils préparaient déjà la chute du gouvernement républicain.

Les deux tentatives de l'ordre moral doivent être une leçon pour tous ceux qui envisagent les événements sans passion et sans parti pris; et les esprits les plus prévenus ne peuvent douter, à l'heure actuelle, que si on a pu semer le malaise et le trouble dans notre pays bien-aimé, ce sont les pires ennemis de la République qui en sont la cause.

Nous autres cultivateurs qui, du matin jusqu'au soir, nous livrons à un travail d'arrache-pied, il ne nous a pas échappé que le coup du 16 mai a eu pour résultat immédiat d'arracher des cris de triomphe aux partisans des régimes tombés, principalement à la faction cléricale. Cette joie nous a semblé de mauvais augure pour la nation. Toutes les fois, en effet, que le clergé a manqué à la première loi de son divin maître qui disait : « Mon royaume n'est pas de ce monde; » toutes les fois qu'il a cherché à remplir un rôle politique, les classes laborieuses n'ont eu qu'à en souffrir. Sous la vieille monarchie, les prêtres dîmaient alors que le peuple mourait de faim; sous la Révolution, alors que nos aïeux luttaient pour le droit et la liberté, ils faisaient cause commune avec nos oppresseurs, rois et nobles, soulevaient la Vendée et souhaitaient une contre-révolution par l'étranger. Charles X a vu sa popularité décroître et son trône chanceler le jour où il mit sa main dans celles des jésuites; récemment encore, ce même parti voulait armer la France en faveur du pape, au risque d'attirer sur nous les vengeances de l'Italie et de l'Allemagne.

Le cléricalisme, c'est là, mon cher Mathurin, le trait-d'union, le drapeau qui rallie tous les anciens partis dynastiques. Le *Syllabus* est leur mot d'ordre. N'avons-nous pas vu, pendant une période funeste, la plupart des prêtres se transformer en agents électoraux, prêcher la guerre contre les républicains qu'ils traitaient de radicaux, se faire les porte-voix de la discorde, et accorder, en fin de compte, des indulgences à foison aux bonnes âmes qui n'avaient aucune confiance dans le gouvernement du pays.

Que les membres du clergé qui ont attaché un drapeau de parti à la croix du Sauveur, ne se plaignent donc pas, si, en voulant tirer sur le drapeau comme ils en avaient le droit, les républicains ont atteint la croix ! S'il est, en effet, une région interdite au prêtre, c'est bien celle de la politique. Le vrai ministre d'une religion de charité et de paix ne saurait sans manquer à son devoir mesurer son estime aux idées politiques de ses ouailles et considérer comme son adversaire celui qui professe une opinion différente de la sienne. Celui-là renierait le Christ, qui se détournerait d'un des siens pour la raison qu'il le voit déposer dans l'urne un bulletin contraire au sien.

C'est peut-être cette immixtion maladroite des cléricaux dans les luttes de la politique qui fut cause du pitoyable avortement de la tentative du Passé. Et parmi les soutiens d'une cause perdue, lassés de tenir en échec

la volonté du pays qui s'est si hautement manifestée, il est bon de rappeler, afin qu'on ne
l'oublie jamais, que seuls, les journaux du
clergé et les organes bonapartistes poussaient
avec frénésie le gouvernement du Maréchal
au coup d'Etat, c'est-à-dire au mépris de la
loi, aux fusillades et au sang versé.

Voilà les gens qui ne craignent pas de s'intituler conservateurs !

Aujourd'hui, nous sommes en possession
définitive du régime républicain. La France a
dit, par la voix de quatre millions et demi
d'électeurs, que c'est le seul gouvernement
possible, et, pour ma part, j'espère te l'avoir
prouvé dans ces quelques lettres. Vivre
tranquilles, vivre en paix à l'ombre de nos
institutions actuelles, voilà notre unique ambition.

Ce que le pays demande par dessus tout,
c'est qu'une crise pareille ne recommence jamais. Il ne veut plus que, par un simple coup
de tête, on vienne déchaîner sur lui l'inquiétude, l'anxiété et l'incertitude du lendemain.
Il ne veut plus voir se renouveler cette divi-
sion du peuple en deux armées hostiles prê-
tes à s'entre-déchirer ; il ne veut plus que la
Constitution soit confiée à la garde de ses ennemis ; que les évêques compromettent nos
relations extérieures en demandant une guerre

contre l'Italie ; il ne veut plus que le prêtre méconnaisse son caractère, quitte l'église pour se lancer dans la lutte des partis et conspirer contre le gouvernement qui le protége et le nourrit.

Pour arriver à ce résultat si désirable, c'est l'union, mon cher Mathurin, l'union de tous les Français que nous devons désirer. Appliquons-nous à rallier autour de nous les esprits prévenus, les égarés, tous ceux, en un mot, que le malheur n'a pas éclairés ; heureux si, pour mon compte, j'y puis contribuer.

Il est temps qu'on comprenne, qu'un seul terrain est capable de résister à toutes les tourmentes, c'est celui où la République a planté son drapeau.

ARTHUR ROBERT.

Mailly (Aube) 1878.

FIN

www.ingramcontent.com/pod-product-compliance
Lightning Source LLC
Chambersburg PA
CBHW061426060726
47597CB00003B/1150